BEI GRIN MACHT SICH IHR WISSEN BEZAHLT

- Wir veröffentlichen Ihre Hausarbeit,
  Bachelor- und Masterarbeit

- Ihr eigenes eBook und Buch -
  weltweit in allen wichtigen Shops

- Verdienen Sie an jedem Verkauf

Jetzt bei www.GRIN.com hochladen
und kostenlos publizieren

Veronika Seitz

"Die Welt dreht sich um mich"

**Dramenanalyse zu Nis-Momme Stockmanns „Der Mann, der die Welt aß"
(2009)**

GRIN Verlag

Bibliografische Information der Deutschen Nationalbibliothek:

Die Deutsche Bibliothek verzeichnet diese Publikation in der Deutschen National-
bibliografie; detaillierte bibliografische Daten sind im Internet über http://dnb.d-
nb.de/ abrufbar.

Impressum:

Copyright © 2010 GRIN Verlag GmbH
Druck und Bindung: Books on Demand GmbH, Norderstedt Germany
ISBN: 978-3-656-34378-3

Dieses Buch bei GRIN:

http://www.grin.com/de/e-book/207251/die-welt-dreht-sich-um-mich

GRIN - Your knowledge has value

Der GRIN Verlag publiziert seit 1998 wissenschaftliche Arbeiten von Studenten, Hochschullehrern und anderen Akademikern als eBook und gedrucktes Buch. Die Verlagswebsite www.grin.com ist die ideale Plattform zur Veröffentlichung von Hausarbeiten, Abschlussarbeiten, wissenschaftlichen Aufsätzen, Dissertationen und Fachbüchern.

Besuchen Sie uns im Internet:

http://www.grin.com/

http://www.facebook.com/grincom

http://www.twitter.com/grin_com

Veronika Seitz

Die Welt dreht sich um mich

Dramenanalyse zu Nis-Momme Stockmanns „Der Mann, der die Welt aß" (2009)

Sommersemester 2010

Dramaturgie und Regie im zeitgenössischen Theater

Die Welt dreht sich um mich: Dramenanalyse zu Nis-Momme Stockmanns „Der Mann, der die Welt aß"

Inhalt/Gliederung

1. Einleitung

Einen Jedermann zeichnete Nis-Momme Stockmann in seinem dramatischen Debut „Der Mann der die Welt aß". Jeder Mann aus der Generation der Dreißigjährigen könnte der Protagonist sein: Die jetzt eigentlich erwachsene Spaßgeneration (ver)weigert sich, erwachsen zu werden, Verantwortung zu übernehmen, will sich selbst verwirklichen, ohne konkret Position zu beziehen. Steine auf dem Weg lassen sie straucheln. Egozentrik als gesellschaftliches Problem zeichnet sich ab in dieser Gesellschaft des Individualismus, Merkantilismus, Egoismus.

Stockmann schrieb ein Gesellschaftsstück der Gegenwart und traf den Nerv der Zeit: Er gewann für „Der Mann der die Welt aß" den Haupt- und Publikumspreis des Heidelberger Stückemarktes 2009, das Stück wurde von der European Theatre Convention zu einem der besten europäischen Stücke 2009 gewählt und 2010 als deutscher Beitrag zur Theaterbiennale „Neue Stücke aus Europa" in Wiesbaden eingeladen.

Am 17. Dezember 2009 fand die Uraufführung in Heidelberg unter der Regie von Dominique Schnizer statt. Es folgten Inszenierungen in Magdeburg, Basel und Wien.

Kurz beschrieben geht es um den 35-jährigen Sohn, Bruder und Vater, einen Egozentriker, wie er im Buche steht, der alles, was seine Mitmenschen ihm bieten, in sich aufnimmt, konsumiert: Zuneigung, Unterstützung, Geld. Der unfähig ist, etwas anders als im Bezug auf die eigene Person zu bewerten und um den sich das Netz seiner auf Egozentrik beruhenden Versäumnisse zusammen zieht.

Das Drama nach formalen und inhaltlichen Aspekten analytisch zu erfassen und im Anschluss daran den Handelnsantrieb des Protagonisten zu analysieren ist die Absicht der folgenden Arbeit.

2. Form und Inhalt

2.1 Aufbau und Form des Dramas

Als „Passionsdrama in zwölf Szenen"[1] bezeichnete Otto Burckhardt das Theaterstück. Es gliedert sich in zwölf Szenen, fünf davon sind mit Namen von Charakteren aus dem Stück betitelt (Ulf (2.), Lisa (5.), Bogensee (8., 9.) und Phillip (11.)). Zwei Szenen zu Beginn tragen den Namen einer Krankheit (Grippe (1.) und Asthma (2.)), die jedoch in der so benannten Szene wenig Bedeutung hat bzw. auf andere Beschwerden verweist und bei „Asthma" erst zum Ende des Stückes hin akut wird. Die weiteren Titel weisen auf (gewünschte) Zustände des Protagonisten: Alleine (4.), Selbstständig (6.) und Frei sein (12.). Weiters spielen Telefongespräche (7.), Cognac (7.1) und Der Schrank (10.) eine Rolle.

---

[1] Pressemitteilung vom 23.12.2009; http://www.die-stadtredaktion.de/?p=6234

Das Stück steigert sich im Sinne eines konsequenten Niedergangs/ einer Kapitulation des Protagonisten. Dennoch endet es nicht in der totalen Katastrophe, bedingt durch die Fähigkeit des Protagonisten, Sachverhalte auszublenden, die ihm nicht ins Konzept passen. Die Handlungsstruktur ist vorgegeben durch die Gesprächssituationen, aus denen das Stück zusammengesetzt ist: direkte Dialoge zwischen dem Protagonisten „(xxxx)" und einer der Nebenfiguren, bzw. Telefongespräche. Es findet sich ein Minimum an äußerer Aktion. Die Handlung wird durchweg szenisch präsentiert (keine narrative Vermittlung durch Expositionserzählung etc.).

2.2 Dramatische Situation

„Der Mann der die Welt aß" spielt in der Jetztzeit. Als Räume legt die Regieanweisung folgende fest: „Die teuer eingerichtete Wohnküche des Sohnes. Das einfache Schlafzimmer des Vaters. Das chaotische Wohnzimmer der Exfrau. Ein Zeltfestplatz, auf dem der jüngere Bruder sich betrinkt." (1. Szene, S. 4); ein Kieselsee (2. Szene, S. 13); ein Warteraum (3. Szene, S. 19); Draußen in der Einkaufspassage (4. Szene, S. 21); Lisas Flur und Küche (5. Szene, S. 23); Beim Sohn zuhause (Wohnzimmer, Küche: 6., 7., 7.1, 10., 11., und 12. Szene, S. 27, 30, 38, 44, 49, 52); Ein dunkler Raum (8. Szene, S. 40); „Ein Bürogebäude. Ein Vorraum zum Büro Bogensees. Zwischen den winzigen Stühlen auf der einen Seite und dem Schreibtisch auf der anderen Seite ist eigenartig viel Platz." (9. Szene, S. 40) Diese Vielfalt der Schauplätze lässt an ein Drehbuch denken.

Handlungssituation ist: Ein Mann, der für gewöhnlich die Welt aß, wir nun von ihr gefressen.[2] Ein selbstbezogener Mittdreißiger verliert seinen Job, muss sich um seinen zunehmend dementen Vater kümmern, für zwei Kinder Unterhalt zahlen, ist überfordert und bemerkt in seiner Egozentrik nicht die Nöte seiner Nächsten (Asthma des Bruders, Geldknappheit der Exfrau, weil die Unterhaltszahlungen ausbleiben). In den Dialogen werden diese Probleme – oft indirekt – thematisiert: Verlust des Arbeitsplatzes, Geldknappheit, Krankheiten wie Demenz und Asthma, emotionale Nöte und Ängste.

2.3 Inhalt der Szenen

„Der Mann der die Welt aß" verbindet aktuelle Themen: die Pflege der Eltern, familiäre und finanzielle Krisen, Ehescheidungen, gescheiterte Lebensentwürfe und Arbeitslosigkeit. Gleichzeitig die Gefühlsnöte der jungen Eltern- und Großelterngeneration, die in Sprachlosigkeit münden, das oft zu beobachtende Sich-Nichts-zu-sagen-Haben, die unterschiedlichen Lebenshaltungen, Lebenserwartungen und Erwartungen aneinander.

1. Ein Mann in den Dreißigern sitzt zuhause, unentwegt telefonierend. Zuerst spricht er mit seinem Vater, der nach längerem Zögern, in dem der Sohn insistiert, der Vater möge doch zum Arzt gehen, offen legt, dass er sich einen Teil der Zunge abgebissen und sich die Hand

---

[2] vgl. http://www.etc-cte.org/bop/

verbrannt hat. Der Sohn gerät in Wut und wiegelt Fragen zum eigenen Befinden unwillig ab. Danach spricht er mit seinem Bruder Phillip. Das Gespräch bricht ab, bevor es richtig beginnt, da Phillip offenbar das Handy runter gefallen ist. Ein Anlauf, mit Lisa, der Exfrau zu reden, scheitert ebenfalls. Phillip ruft wieder an, doch wegen des Partygeschehens im Hintergrund ist kein Gespräch möglich. Lisa ruft an und redet (xxxx) ins Gewissen: er müsse sich um den alten Vater kümmern; er müsse für den Unterhalt der gemeinsamen Kinder sorgen – auch wenn er arbeitslos sei. Und er habe Kinder, die seine Zuwendung bräuchten. (xxxx) weist Lisa ab. Wieder ruft Phillip an, betrunken. Dann der Vater, der den Sohn bittet, mit ihm zum Arzt zu gehen, was (xxxx) auf Phillip abschiebt.

2. Ulf und (xxxx) sitzen zusammen am Kieselsee und warten auf Phillip. Nach anderthalb Stunden Wartezeit meint Ulf, man könne das Gespräch ja auch ohne ihn beginnen. (xxxx) will nicht und ärgert sich lieber über die Verspätung des Bruders. Ulf drängt, denn er müsse gleich los, auf eine Beerdigung von Lisas Onkel. Es entsteht ein Konflikt: warum Lisa Ulf gebeten habe, sie zu begleiten und nicht ihn. Ulf ergreift Lisas Partei und hält dem Freund die Vernachlässigung seiner Familie vor. Er will (xxxx) helfen, den alten Job zurückzubekommen, was dieser aus verletztem Stolz total abblockt. Er beschimpft Ulf und will für den Nachmittag alle Verpflichtungen ausblenden.

3. Der Vater begreift die gemeinsame Zeit im Wartezimmer als Chance, mit dem geliebten Sohn zu reden. Der ist jedoch von vornherein genervt, was sich durch die Ratschläge des Vaters noch verstärkt. Die väterliche Demenz kündigt sich an.

4. Ulf verweigert (xxxx) ein Darlehen, das er für die berufliche Selbstständigkeit brauchen würde, da auch kein konkreter Plan vorliegt. Daraufhin wirft (xxxx) ihm mangelnde Freundschaft vor und, dass er ein „kapitalistisches Arschloch" sei. Ulf schlägt den Freund nieder und redet Klartext: „Nee, *du* hast überhaupt nicht begriffen. Du tust allen Leuten um dich herum einfach nur weh. *Das* ist dein Projekt. Wenn du kaputt gehst, alles um dich herum auch kaputt machen." (S. 23)

5. Beim Besuch bei Lisa fragt er nach der Sache mit Ulf. Lisa hält ihm verletzte Eitelkeit vor. (xxxx) bittet sie um Geld, obwohl er seit Monaten keinen Unterhalt bezahlt hatte. Lisa weint verzweifelt, weil sie sich das gemeinsame Leben mit dem Exmann anders vorgestellt hatte. Sie verzweifelt an seiner egozentrischen Art. Trotzdem würde sie ihm helfen.

6. Der Vater ist stolz auf seinen Sohn, der sich selbstständig machen will und hat aus diesem Anlass einen sehr teuren Cognac gekauft. (xxxx) hat sich dazu durchgerungen, den Vater bei sich aufzunehmen, wirft ihm aber sofort die Verschwendung vor. Der Vater hält ihm vor, dass er dem Sohn 24 Jahre lang eine Unterkunft gegeben hat. Der Sohn stößt den Vater, woraufhin der diesen schlägt und vom Sohn aufs Bett geschubst wird.

7. Am Telefon bittet (xxxx) Phillip um Geld. Der Vater, der nackt ins Zimmer kommt, unterbricht das Gespräch. Lisa ruft an wegen der Kinder. (xxxx) weist sie ab: „Also ich mach hier grad ne ziemlich schwere Zeit – (…) Ich empfinde das gerade als sehr belastend." (S. 31) der Vater platzt wieder ins Zimmer. Lisa meint: „Du bist echt ein großes Kind." (S. 32) Ulf ruft an und will das Geld, das er dem Freund geliehen hatte zurück, um es Lisa zu geben. (xxxx) beschimpft ihn als Parasit. Ulf meint, (xxxx) solle „mal den Arsch hoch" kriegen (S. 34). Inzwischen ist der nach wie vor nackte Vater einige Male ins Zimmer gekommen, nachdrücklich schickt der Sohn ihn Mal für Mal weg. (xxxx) ruft Lisa an und richtet Ulf aus gegen sie: er würde sie kaputt machen. Der Vater kommt wieder. Dieses Mal führt (xxxx) ihn

ab und schließt ihn offenbar im Schrank ein. Phillip meldet sich wegen des Geldes, das er dem Bruder leihen würde; er hat keins. (xxxx) fragt um Hilfe mit dem Vater. Phillip berichtet von seinen schlimmer werdenden Atemproblemen. Der Bruder rät ihm davon ab, zum Arzt zu gehen. Er vermutet eine Intrige seines Bruders und seiner Freunde und erklärt dem Bruder, er sei jetzt frei.

7.1 Vater und Sohn betrinken sich. Betrunken ruft der Sohn Lisa an, die ihn verzweifelt zurechtweist.

8. (xxxx) probt vor dem Spiegel die Entschuldigung für seinen Chef.

9. Mit Linsensuppengeruch (sein Vater hatte Linsensuppe im Kleiderschrank verschüttet) in den Klamotten kommt (xxxx) zum Gespräch mit seinem Chef. Dieser lässt ihn nicht ausreden. Er durchschaut seinen ehemaligen Mitarbeiter: „Das ist vielleicht auch Ihr Problem. Dass Sie denken, die Welt wartet nur auf Sie." (S. 43) Er solle seine fordernde Haltung aufgeben und endlich erwachsen werden. Augenblicklich braust (xxxx) auf, verlässt jedoch wegen des Linsengeruchs rasch das Büro.

10. Der Vater hat sich im Schrank eingeschlossen und weint. Er entschuldigt sich für die Sorgen, die er seinem Sohn macht und hat sich aus Angst im Schrank verschanzt. Nach einer Ewigkeit traut er sich, die Tür zu öffnen. Der Sohn greift ihn sich, schlägt und demütigt den Wehrlosen.

11. Lisa ruft aus dem Krankenhaus an, wo Phillip nach einem schweren Asthmaanfall im Koma liegt. (xxxx) fragt sich nur, warum Phillip Lisas Nummer für Notfälle angegeben hatte und glaubt, dass Lisa ihn belügt. Sein Vater meint: „Du bist so ein Arschloch."

12. Der Vater hat wieder die Linsensuppe verschüttet. Dieses Mal nimmt (xxxx) es gelassen und nimmt den Vater mit an den See, wo sie sich mal wieder ordentlich betrinken wollen. Phillip ist wohl gestorben, denn Lisa meint, er müsse sich nicht für alles verantwortlich fühlen.

2.4 Nebenfiguren

Stockmann zeichnet die Charaktere sehr präzise. Da ist zum einen Vater, der in seiner Machtlosigkeit und zunehmenden Demenz trotzdem versucht, die Familie seines Sohnes zusammenzuhalten, der sich um seine Enkel kümmert und auf seinen ältesten Sohn große Stücke hält. Er bäumt sich gegen die Hilflosigkeit auf, hält dem Sohn, auf den er jetzt angewiesen ist, die 24-jährige väterliche Sorge um ihn vor, stumpft aber zunehmend ab.

Lisa, die Exfrau, ist mit ihrem Dasein im Haus, in dem sie mit (xxxx) und den gemeinsamen Kindern ein schönes Leben führen wollte, unglücklich. Insgeheim will sie (xxxx) zurück, leidet gleichzeitig an seiner Unentschlossenheit und seiner Egozentrik. Sie sorgt sich um die Kinder (die ihrer Meinung nach den Vater brauchen) und ihren Lebensunterhalt, weswegen sie ihren Exmann bittet, sich noch einmal an den Chef zu wenden. Seine Rücksichtslosigkeit der Familie gegenüber verzeiht sie aber immer wieder.

(xxxx) hält keine großen Stücke auf seinen Freund Ulf. Er erachtet ihn als einen langweiligen Schwächling. Aus Eifersucht oder Eitelkeit meint er – Lisa hat anscheinend ein Verhältnis mit ihm: „Der kann noch nicht mal von irgendwas abhängig sein, ohne dass das scheißlangweilig rüberkommt. Der ist so öde. (...) Das ist eine unehrliche, eine stocknüchterne, verbeamtete Sau." (S. 35) Ulf ist jedoch hilfsbereit und erträgt (xxxx)s Beschimpfungen langmütig.

Als kleiner Bruder ist Phillip für (xxxx) eine relative Nebensache – außer es geht darum, die Fürsorge für den Vater auf ihn abzuwälzen. Phillip kommt mit seinem eigenen Leben nicht ganz klar – er betrinkt sich und muss mit sehr wenig Geld auskommen, von dem er aber alles, was er irgendwie erübrigen könnte, dem großen Bruder zu geben bereit ist. Er hört mehr auf den großen Bruder als auf seinen Körper und endet mit einem Asthmaanfall im Krankenhaus.

Bogensee, der ehemalige Arbeitgeber des Protagonisten, besteht im Gespräch auf Aufrichtigkeit, zu der (xxxx) nicht im Stande ist. Er durchschaut den Ex-Angestellten, als Außenstehender sieht er relativ klar die Situation (xxxx)s und rät: „Immer nur fordern. Sie sollten erst mal einen Schritt zurücktreten. Mal über sich und Ihr Leben und Ihre ganze Situation nachdenken. (...) Gehen Sie mal alle Veränderungen durch. Seien Sie mal ehrlich zu sich (...) Verbringen Sie Zeit mit Ihrer Familie." (S. 43)

2.5 Sprache und Kommunikation

Sprachlich ist „Der Mann der die Welt aß" sehr nahe an der Alltagssprache. Auffällig sind - insbesondere im Gespräch mit dem Chef – die begonnenen Sätze, die nie zu Ende geführt werden und als Bruchstücke stehen bleiben. Bogensee ist der einzige, der (xxxx) ins Wort fällt.
Dialoge sind kurz und funktionieren oft nicht. Häufig telefonieren die Figuren aneinander vorbei (Sohn: Hallo? Phillip: Ja, warte mal. (...) Schei... (S. 8)), reden aneinander vorbei, können ihre emotionalen Nöte nicht in Worte fassen und scheitern an der eigenen Sprachlosigkeit. So macht Stockmann Abgründe im sozialen und emotionalen Gefüge deutlich. Die Figuren werfen sich Wortbrocken zu, es finden keine Dialoge im eigentlichen Sinne statt. Meist gibt es einen Redner und einen Antwortenden. Die Sprechanteile sind immer asymmetrisch verteilt.

3. Der Protagonist: Egozentrik als dominanter Handelnsantrieb

Egozentrik ist definiert als „Einstellung oder Verhaltensweise, die die eigene Person als Zentrum allen Geschehens betrachtet und alle Ereignisse nur in ihrer Bedeutung für und in ihrem Bezug auf die eigene Person wertet".[3] Anhand von drei aussagekräftigen Szenentiteln soll das Wesen des Protagonisten erfasst werden.
Weil zwar nicht jeder, aber doch viele der Protagonist des Stückes sein könnten, soll er keinen Namen haben. (xxxx) ist ein „ganz heutiger, gescheiterter Held"[4]. Das Stück beschreibt die

---

[3] Duden Fremdwörterbuch 1974, S. 198

[4] (Theater Heidelberg)

Sackgasse seiner Egozentrik und aber die gleichzeitige Weigerung, sich zu ändern. Der Protagonist befindet sich in einer Abwärtsspirale.

3.1 „Alleine"

4. Szene: Der Sohn fordert von seinem Freund bedingungslose Unterstützung, doch Ulf meint: Freundschaft ist „nicht auf Gedeih und Verderb". (S. 22) Was in dem Fall heißt, dass er nicht bereit ist, finanziell für ein Himmelfahrtsprojekt von (xxxx) zu bürgen. (xxxx) meint: „Du könntest ja mal für mich da sein, wenn ich dich brauche. (...) Weißt du, so eine Freundschaft brauche ich nicht. Wo ich die ganze Zeit hinterfragt werde." (S. 22) Was er fordert, ist nicht Freundschaft, sondern bedingungslose Untertänigkeit und Verfügbarkeit des Freundes.

(xxxx) ist nicht alleine. Doch fühlt er sich von Ulf verraten. Alles, was ihm fehlt, ist das Geld. Dafür ist er sich nicht zu schade, die finanziell auf ihn angewiesene Exfrau zunächst um Unterhaltszahlungen zu bringen und sie danach noch um ein Darlehen zu bitten.

Alleine ist er nur in seinem Scheitern, das er vor allen geheim zu halten versucht: sein Arbeitsplatzverlust (Ulf weiß zufällig davon, weil er den Betrieb kennt. Von ihm erfährt es Lisa. (xxxx) erwidert: „Was geht dich das denn an? Lisa: Na klar geht mich das was an. Wegen dem Unterhalt geht mich das was an, wenn sie dich entlassen." S. 11); die Überforderung mit der Pflege des Vaters (die er durch Gewalt gegen den Vater zu kompensieren versucht, nachdem der Bruder nicht einspringt); dass er das eigene Versagen nicht wahrhaben will, die Augen verschließt vor der Realität und sich dem Erwachsenwerden verweigernden Narzissmus hingibt. In Stockmanns genauer Zeichnung der Figuren wird die Geistes- und Gefühlshaltung deutlich.

3.2 „Selbstständig"

In seiner auswegslosen Situation kommt dem Sohn die fixe Idee, sich beruflich selbstständig zu machen. Dieses Vorhaben ist zum Scheitern verurteilt – von Selbstständigkeit ist (xxxx) weit entfernt. In der 6. Szene demonstriert er seine Unreife, indem er die Hand gegen den Vater erhebt (S. 30) und ihm vorwirft: „Mann, du! Für 200 Euro kann ich dich fast ne Woche pflegen lassen." (S. 29) Die berufliche Selbstständigkeit ist das Kaschieren der tatsächlichen Arbeitslosigkeit und der Vorwand, alle Menschen seines Umfelds um Geld zu bitten.

3.3 „Frei sein"

Gleich zu Beginn der Szene wird das „Freisein" in den harten Kontrast dazu gestellt, dass (xxxx) seinen Vater offenbar tagsüber in einen Schrank sperrt. Im Prinzip weiß er, dass er nicht frei ist, sondern der Ausflug an den See nur eine Flucht: „Den Krach schlachten. Cognac saufen. Mal wieder auf alles scheißen... So richtig... frei sein..." (S. 53) Das Zitat beschreibt, was (xxxx) unter Freiheit versteht: sich um nichts kümmern, vor der Verantwortung weglaufen´.

3.4 Merkantiles Handeln

Am Beispiel des Protagonisten zeigt Stockmann eindrücklich auf, wie merkantiles Denken jede Form von menschlichem Zusammenleben prägen und schädigen kann. Das Drama ist unter einer Metaebene zu lesen: der des Eindringens kapitalistischer Strukturen bis in die Familie und das menschliche Verhalten. (xxxx)s Verhalten seinen Mitmenschen gegenüber unterliegt radikaler Nutzenrechnung: Statt in eine Flasche Cognac zu investieren, könnte er den Vater eine Woche lang pflegen lassen (S. 29). Ein Freund ist nur ein Freund, wenn er bereit ist, Geld zu leihen (S. 22).

4. Schluss

Der Weg des Protagonisten nimmt auch recht bekannte Theater-Fußspuren auf: „In der Verleugnung seines beruflichen Scheiterns erinnert der Sohn an Arthur Millers Handlungsreisenden Willy Loman, in seiner Verweigerung gesellschaftlicher Erwartungen ist er ein Wiedergänger von Tschechows apathischem Iwanow."[5]

Doch eigentlich geht es um gewöhnliche Menschen. Als Antwort auf die Frage, warum ihn das Alltägliche und Gewöhnliche interessiere, sagt Stockmann in einem Interview: „Über das Kleine erzählt sich das Große. Im Gewöhnlichen, also da, wo sich alles abspielt, was uns betrifft und uns nahe geht, spiegelt sich die Welt. [...] In der Kammer, im Intimen, da treffen sich Welten – die politischen, die systemstrukturellen – und werden erlebbar und nachvollziehbar. Nicht deskriptiv, sondern empathisierend – so ist die Rezeptionsstruktur wohl funktionierenden Theaters."[6]

5. Literaturverzeichnis

http://www.kultiversum.de/All-Dossier/Stueckemarkt-Heidelberg-Berlin-Muelheim-Hamburg-2009.html?p=3, 5.7.2010

http://www.taz.de/1/archiv/digitaz/artikel/?ressort=ku&dig=2010%2F02%2F22%2Fa0073&cHash=e90ae68e10, 4.7.2010

http://www.faz.net/s/Rub4D7EDEFA6BB3438E85981C05ED63D788/Doc~EDFAD0A62742D4B6C95694B45C439469F~ATpl~Ecommon~Scontent.html, 4.7.2010

http://www.newplays.de/index.php?page=parts&content=parts&language=de_DE&id_event_cluster=542807, 28.6.2010

http://www.nachtkritik.de/index.php?option=com_content&task=view&id=2810, 4.7.2010

http://www.die-stadtredaktion.de/?p=6234, 4.7.2010

http://www.etc-cte.org/bop/, 28.6.2010

---

[5] Laudatio bei der Preisverleihung des Heidelberger Stückemarktes

[6] http://www.newplays.de/index.php?page=parts&content=parts&language=de_DE&id_event_cluster=542807